DE LA NÉCESSITÉ

D'AFFRANCHIR NOS COLONIES

ET DE MODIFIER LES DROITS DE DOUANES

SUR LES SUCRES ET LES CAFÉS,

DANS L'INTÉRÊT DU COMMERCE GÉNÉRAL DE LA FRANCE

PAR

ÉDOUARD DE JULLIENNE

Docteur en Droit, Avocat à la Cour d'Appel, Secrétaire de la Faculté
de Droit d'Aix

1850

AIX,

IMPRIMERIE DE VEUVE TAVERNIER, RUE DU COLLÉGE, 20.

1850

INTRODUCTION.

Dans le temps où les gouvernements euro-péens possédaient, par droit d'occupation, le Nouveau Monde, et créaient un monopole com-mercial absolu sur leurs possessions, les colonies jouissaient de grands priviléges, parce qu'elles étaient indispensables à leur métropole. Mais, en admettant cette vérité pour le passé, on ne peut pas nier le changement radical opéré depuis dans les relations de l'Europe et du Nouveau Monde, ni les découvertes de la science.

L'affranchissement des colonies espagnoles et portugaises, dans l'Amérique du Sud ; la fabrication du sucre de betteraves, auraient dû modifier depuis longtemps les rapports qui existent entre la France et ses colonies.

On a négligé d'étudier les intérêts nouveaux de notre commerce et ceux de nos établissements transatlantiques. La perception des droits reste encore établie sur les principes d'une protection mal comprise, qui chaque jour restreint nos relations commerciales avec l'étranger.

L'Amérique est presque complètement affranchie; elle offre à la France la possibilité d'étendre son commerce d'une manière fructueuse avec des états populeux et riches, de faire des alliances d'autant plus importantes que nous avons perdu nos principales, nos plus riches possessions, notamment celles dont le concours eût pu servir nos opérations maritimes en temps de guerre.

La science a découvert l'art de tirer du sucre de plantes d'une culture facile sur le continent, et par là d'augmenter la richesse publique de la France.

Les colonies françaises ne pourront jamais offrir des récoltes suffisantes et à un prix assez modéré pour satisfaire aux besoins de la métropole. Les droits qui protègent leur production entravent nos relations commerciales, portent une restriction considérable à l'exportation de nos produits naturels ou manufacturés, paralysent la consommation de substances coloniales utiles à la vie de l'homme, contribuent à la perte de notre marine marchande, et ne peuvent être d'aucun secours en cas de guerre, d'où ressort la nécessité de les affranchir.

Ce court aperçu résume à peu près toute la substance de ce travail, et donne plus de facilité pour en suivre la pensée au milieu de ses déductions.

Je n'ai pas cru devoir traiter ici la question de l'Algérie, parce qu'elle ne peut être envisagée au même point de vue que nos colonies transatlantiques, à cause de sa proximité de nos côtes, de sa position militaire dans la Méditerranée, du sol immense et fertile de ses possessions, de la richesse de ses mines.

Je n'ai pu me procurer que difficilement, et en les faisant venir de Paris, les ouvrages de statistique, dans lesquels j'ai puisé les documents qui servent de base à ce travail.

On peut dès-lors apprécier les difficultés que j'ai eues à me procurer des renseignements certains, et repousser d'avance les reproches d'inexactitude volontaire que l'on pourrait m'adresser sur des détails négligés.

Cette publication, je n'en doute pas, sera vivement critiquée par les colons, leurs agents et par les intéressés dans le commerce de nos possessions transatlantiques. Mais, en interrogeant ma conscience, j'ai l'espoir d'obtenir l'approbation de tous les hommes qui puisent leurs convictions dans un patriotisme honnête. Désintéressé, comme je le suis personnellement, dans la question que je traite, j'agis uniquement sous l'influence de l'intérêt national, et à ce titre, j'ai lieu d'espérer quelque indulgence.

DE LA NÉCESSITÉ

D'AFFRANCHIR NOS COLONIES

ET DE MODIFIER LES DROITS DE DOUANES

SUR LES SUCRES ET LES CAFÉS,

DANS L'INTÉRÊT DU COMMERCE GÉNÉRAL DE LA FRANCE.

——◆◆——

Les impôts sont nécessaires dans les grands États,
pour alimenter le service des dépenses et des épar-
gnes publiques. Toutefois ils ne sont pas bons par
cela seul qu'ils produisent beaucoup : il faut de plus
qu'ils gênent le moins possible le développement de
l'agriculture et de l'industrie. Ils sont comme les
peuples, soumis à des lois progressives; et tel impôt,
qui, dans un temps donné, a été une mesure utile et
salutaire devient un danger social , une cause de

décadence et de ruine, si une force aveugle le soutient contre les lois de la raison et l'exigence des
temps.

Or, une taxe est mauvaise si elle a pour effet de
protéger le monopole d'une industrie impuissante à
satisfaire la consommation, à soutenir la concurrence
contre l'étranger. Elle est mauvaise si elle tend à
augmenter la valeur des subsistances salutaires, au
point d'en rendre l'usage impossible aux classes la-
borieuses ; si elle paralyse l'essort industriel, commercial, si elle empêche l'accroissement de la valeur
des terres , si elle amène la ruine de notre marine
marchande.

La loi qui établit les droits sur le sucre et le café,
comme une nouvelle boîte de Pandore, renferme
tous ces funestes effets.

N'est-il pas étonnant qu'on ait à combattre une
pareille taxe en 1840, alors que tant de gouvernements se sont succédé, en prenant pour cris de
légitime triomphe ces mots magiques : *Tout pour le
Peuple.*

Notre vieux système de douane a été constitué
dans la vue de protéger les intérêts, alors communs,
de la métropole et des colonies, mais qui depuis se
sont séparés. — Or, le continuer, sans avoir égard à
l'état actuel de la société créé par l'affranchissement
du nouveau monde, par les découvertes de la science,
c'est transformer la protection en une oppression

ruineuse, et tarir la source des échanges entre les peuples, seule et véritable base des opérations commerciales. Notre système douanier sur la taxe des sucres et des cafés, empreint d'un esprit fiscal et routinier, pourvoit à la perception, au rendement de l'impôt ; mais il est contraire aux intérêts du commerce, de l'industrie, de la marine et des finances ! D'où ressort la nécessité de réviser cette branche du revenu public, qui touche à de si grands intérêts.

C'est dans la paix intérieure qu'une nation peut sagement rechercher les moyens de renverser les abus ; la raison est alors assez forte pour terrasser ces imprudents amis du passé, qui le défendent avec un aveugle dévouement, ne comprenant pas les progrès des sociétés, de la science, de l'esprit humain, et qui repoussent toute amélioration, si elle a le malheur de leur paraître une idée nouvelle.

C'est dans la paix qu'un peuple a le loisir de discuter ses institutions, de défendre ses intérêts, de pourvoir aux besoins du trésor par l'assiette mieux comprise de l'impôt, en allégeant le plus possible les charges publiques, d'arrêter des lois pour augmenter la prospérité nationale, de détruire ces monopoles, ces priviléges dont l'effet aggrave la position de la classe pauvre, et lui enlève, par des taxes élevées et improductives, la possibilité d'user d'aliments fortifiants et salutaires, accroît les charges de l'état de dépenses énormes au profit de colonies impuissantes à se soutenir par elles-mêmes, incapables d'être d'aucun secours en temps de guerre.

On conçoit très bien que, lors de l'établissement des colonies, le gouvernement a dû leur accorder de grands priviléges, pour y porter une population suffisante à leur exploitation. On sentait, au commencement du seizième siècle, la nécessité de donner une grande impulsion à l'émigration dans les colonies, afin de diriger l'esprit public vers les spéculations commerciales, et de le tirer de ce cahos effroyable des guerres civiles et religieuses.

Trois autres raisons puissantes ont mis le gouvernement dans la nécessité d'établir des colonies : d'abord il fallait écouler les produits manufacturés ou naturels, en échange de matières premières indispensables au bien-être de la population, au développement de l'industrie ; ensuite il s'agissait de n'être pas tributaire des états européens qui envahissaient le Nouveau Monde et cherchaient chacun à exercer sur leurs possessions un monopole commercial sans partage.

Or les colonies offraient pour l'émigration de tels avantages à la tranquillité intérieure de l'état, à son indépendance, au progrès de la fortune publique, qu'on n'a dû reculer devant aucun sacrifice dans leur intérêt.

Le développement, la prospérité des colonies ont été si rapides, qu'il semblait, peu après leur établis-

sement, que le Nouveau Monde serait une grande
source de consommation offerte à la production et à
l'industrie de l'ancien continent. Alors les colonies
étaient pour chaque nation le but commercial le
plus important, puisque partout se trouvaient des
prohibitions contre les étrangers. La navigation coloniale était seule capable de créer les ressources
d'un personnel expérimenté à la marine de l'état,
et, sous ce rapport, on en devait exciter l'accroissement par tous les moyens possibles.

Du reste, les priviléges concédés, le monopole
lui-même ne présentaient pas de 1615 à 1648,
époques de l'occupation de nos colonies, des incon-
vénients semblables à ce qu'ils seraient aujourd'hui.
En effet, à cette époque les produits les plus riches des colonies étaient sans équivalents en Europe
et ne paralysaient aucune industrie, ne portaient
pas atteinte à la valeur du sol de la France, en un
mot à la richesse publique.

D'un autre côté, le privilége était le caractère de
toutes les institutions ; il pesait sur toutes les indus-
tries pour les protéger et pour garantir les capitaux
qui alors s'y engageaient avec difficulté. Le commerce français était à cette époque dans l'enfance ;
et le monopole le serrait dans ses lois, comme une
nourrice étreint son nouveau-né dans ses langes.

Les priviléges constituaient un moyen gouverne-
mental à l'aide duquel les rois donnaient des ga-

ranties de durée à une entreprise. Ils avaient pour effet, en favorisant certains hommes, certaines compagnies, d'établir leur crédit, de leur donner le moyen de trouver les fonds nécessaires à l'exploitation des concessions, et de fonder des colonies florissantes dès leur début, sans que l'état eût à en supporter les charges, autrement que par des encouragements peu dispendieux, presqu'insignifiants. Si l'intérêt particulier souffrait d'être soumis à une loi restrictive de la liberté commerciale, l'intérêt général était satisfait; de grandes entreprises se formaient successivement sans l'appui du trésor public.

Le roi Louis XIII donna, en 1628, à une compagnie, pour la mettre à même de fonder l'établissement de la Nouvelle France, des priviléges et deux bâtiments du port de 300 tonneaux, armés de 4 canons. Ainsi a commencé la prospérité d'une des plus belles colonies du monde.

Nos colonies n'étaient pas seulement une nécessité, en raison du monopole exercé par les autres états du continent sur leurs possessions transatlantiques; elles offraient encore par leur étendue et leurs produits, par la consommation de leur population, des avantages réels pour le commerce national, et promettaient un avenir plus prospère encore.

Jusqu'en 1763, les possessions françaises dans l'Asie, l'Afrique et l'Amérique furent très-considérables. Elles reprirent encore une grande importance après les restitutions accordées par le traité de 1783. En 1788, l'exportation de leurs produits, aussi bien que les importations, prouvent leur prospérité ; alors la population coloniale était évaluée à un million ; il y avait 700,000 noirs, dont le renouvellement demandait une importation annuelle de plus de 40,000 esclaves neufs.

Les importations des colonies des Antilles se sont élevées , en 1788 , à la somme de. . . . . 218,511,000 f. 00 c.

Les marchandises envoyées d'Europe ont été de. . 76,786.000 00

On a expédié à la côte d'Afrique pour achat de 30,087 noirs, en marchandises ou en monnaie. . . . 16,885,000 00

Lesquels 30,087 noirs, vendus aux colonies, ont donné un produit net de. . 48,835,000 00

Total des sommes employées au commerce des colonies. . . . . 356,017,000 f. 00 c.

Prix du frêt sur les importations. . . . . 16,039,613 f. 00 c.

Sur les exportations. . . . 19,076,300 00
Frêt de 30,087 noirs, à

150 fr. l'un. 4,513,050 00
                                    ————————
            Total. . . .   40,527,063 f. 00 c.

Report des sommes em-
ployées au commerce des
colonies. . . . . 336,017,000 f. 00 c.
                                    ————————
    Total général. . . .   396,544,063 f. 00 c.
                                    ————————

Le commerce des colonies mettait en action un
capital de 400,000,000 environ. On comprend
alors un *monopole* exclusif sur un pareil marché, les
avantages qui en résultent pour l'industrie, la vente
des produits du sol et l'activité de la marine. Outre
ces avantages du commerce régulier colonial, la
Compagnie des Indes, fondée en 1664, recevait
chaque année 40,000,000 de ses salines ou de ses
impôts de l'Inde. De 1764 à 1779, année de la
suspension du privilége exclusif, elle a exporté des
marchandises sur 55 navires de 1000 tonneaux,
pour. . . . . 108,358,128 f. 00 c.
    Les retours ont été vendus 105,789,808 00
                                    ————————
    Le roulement des capi-
taux de la compagnie ont été
pendant les 4 ans de. . . . . 214,147,636 f. 00 c.
                                    ————————

Soit 50 millions par an.

Dès que la liberté fut établie, le commerce ex-
pédia dans l'Inde, de 1770 à 1785, nonobstant

cinq années de guerre et le droit d'indult imposé à cette époque, 189 navires.

Outre ces avantages

La pêche de Terre Neuve occupait 372 navires jaugeant 417,712 :

Celle d'Islande — 50 — 3,516 ;

La Compagnie d'Afrique — 50 — 12,000 ,

Montés par 800 marins.

Or il est bien évident que le roulement des fonds employés dans les opérations coloniales, et ceux de l'exploitation de la pêche de la morue, de la baleine et du corail s'élevaient à plus de 600 millions.

Outre ces points commerciaux, où notre monopole était établi d'une manière exclusive, la France entretenait un commerce très-actif avec l'Espagne, la Russie, la Suisse, la Hollande, l'Angleterre, etc. Une grande partie de ses opérations se faisaient par mer ; ce qui donnait à notre marine un degré de prospérité, de splendeur qu'elle a perdu, surtout depuis les traités désastreux de 1815.

Voici un triple tableau du commerce colonial en 1787, 1847, 1848 qui permettra d'apprécier justement l'importance de nos possessions transatlantiques. Il y a loin de l'état du commerce colonial de 1787 à celui constaté en 1847, puisqu'il est descendu de 600 millions environ, à 160,972,708 f.

ÉTAT des Importations, des Exportations et des Droits perçus sur le commerce général de la France et des Colonies, pendant 1787, 1847, 1848.

DÉSIGNATION DES COLONIES.	IMPORTATIONS.			EXPORTATIONS.			DROITS PERÇUS.		
	1787.	1847.	1848.	1787.	1847.	1848.	1787.	1847.	1848.
St-Domingue	135768000			54572000					
Ste-Lucie	1000000			1000000					
Tabago	3287000			1000000					
L'Ile de France	40000000			5000000					
Guadeloupe	15053000	27208656	10662094	5362000	14374636	6345485		17692018	7827862
Martinique	25640000	22644362	10925590	15133000	15420298	7895760		13238764	7980847
Marie-Galante	5739000			1500000					
Guyanne	539000	2831589	1917814		2468576	1289075		863610	753902
Bourbon	66000000	20692564	12486725		7576207	3739286		10762344	6718400
Sénégal		5169444	2976479		14398234	4520065		195006	133982
L'Inde	11000000	11882678	4028349		4477604	223408		223079	157474
St-Pierre de Miquelon		10662924	10993216	100000000	8194919	5724256		16888	11783
TOTAUX.	27702600	101802484	53790267	183373000	63910474	29767301		43991709	23584250

ÉTAT de l'introduction des Sucres et des Cafés en 1847, 1787, 1848 et 1849.

PROVENANCE.	1787.		1847.		1848.		1849.	
	SUCRE.	CAFÉ.	SUCRE.	CAFÉ.	SUCRE.	CAFÉ.	SUCRE.	CAFÉ.
Martinique	13510431	3334095	32069950	278221	19731000	94749	46270000 *	739590 *
Guadeloupe	7436084	1824529	40375971	292173	20309000	202509	48873000 **	12958100 **
Bourbon	2724555	4467000	24799668	687763	21824000	364224		
Cuyane			2309180	15997	2080000	7560		
Haïti	79905290	33325839		7408496				
Ste-Lucie	2445674	763074						
Tabago	99528	7777						
Marie-Galante	2339376	314080						
Indes Françaises				56845				
Brésil			2629638	40122792	4440000	7630919		
Cuba			46119152	5057346	20945000	32653569		
Et autres provenances					4348726			
Totaux.	108460935	41033314	118303549	23619633	90377726	14012980	65143000	13597690

* Des colonies françaises.
** Étrangers pour les huit premiers mois.

Mais le tableau du commerce général de 1848 enlève toute illusion et fait ressortir l'impuissance de la production dans la position faite aux colonies par le décret de 1848. En effet, les importations et les exportations de cet exercice montent ensemble à 83,157,568 fr. seulement.

Par suite des traité imposés à la France dans nos jours de malheur, la perte de nos possessions, surtout celle du Canada, de la Floride, de Tabago Sainte-Lucie, de l'Ile de France, etc..., a réduit la population coloniale à 574,347 habitants qui étaient divisés, en 1841, ainsi qu'il suit :

40,885 blancs ;
1,529 fonctionnaires ;
9,097 militaires ;
86,768 hommes de couleur, libres ;
396,068 affranchis ou indiens.

Sous le rapport de la consommation, nos colonies ne peuvent absorber que les choses nécessaires à 574,347 habitants, sur lesquels on compte 395,068 noirs affranchis ou indiens, aussi misérables, aussi insouciants les uns que les autres, 86,768 hommes de couleur libres, généralement peu aisés, pour la plupart sans industrie, 40,885 blancs dont l'émigration réduit chaque jour le nombre, et qui n'ont pour fortune que des terres improductives, 1529 fonctionnaires, presque tous sans autre ressource que leur place, et enfin 9097 militaires, encore plus mal partagés par la fortune.

Les 395068 noirs ou indiens consomment peu de produits manufacturés ou provenant du sol continental. Pour les vêtir, il suffit d'une petite quantité de grosse toile de coton. Les femmes, quoiqu'elles aient des costumes plus recherchés, emploient peu d'ornements de luxe tirés de notre industrie. Ces 400,000 individus comptent peu dans le chiffre de la consommation, et si l'état actuel de nos colonies se maintient, ils seront encore moins utiles à la production.

L'État dépense 28 millions pour l'administration des colonies, il entretient une armée de 9097 hommes et 1529 fonctionnaires. Leurs appointements sont deux et trois fois plus forts qu'en France, et cependant ils ne peuvent pas faire d'économie. L'habitude qu'ils ont des produits du continent les leur impose, malgré l'élévation du prix. Il est même utile à la consommation que la mode importe ses innovations. Les fonctionnaires nouveaux sont les missionnaires du caprice parisien, et ils en subissent les dispendieuses conséquences.

Sans doute chacune de nos colonies pourrait être un comptoir d'exportation des produits métropolitains, mais leur commerce est d'autant plus restreint aujourd'hui que le monde est inondé des produits anglais et américains. Nous pouvons difficilement aux Antilles, par exemple, faire passer nos marchandises dans d'autres colonies. Nos possessions de l'Inde sont encore moins avantageuses, sous ce rapport, à cause des établissements anglais et de la production qui se fait dans le pays même. Le prix considérable du fret impose d'une manière exhorbitante les marchandises européennes et leurs retours. De là vient que le commerce de l'Inde est limité aux objets qui manquent ailleurs et ne peut s'étendre au-delà du prix de ces productions exceptionnelles.

La loi, aussi imprévoyante que funeste, de l'abolition de l'esclavage décrétée par le gouvernement provisoire a coûté 124,000,000 fr. à la France dans un moment de crise financière. Elle a ruiné les colons, livré la population noire à une liberté hideuse qui succombe sous les horreurs de la licence, de la misère et du dévergondage.

Ces hommes présomptueux et imprévoyants, qui se croyaient capables de diriger l'État, parce qu'un gouvernement a succombé sous leurs attaques, ont entassé des articles de loi pour légaliser une idée radicale, comme les aveugles posent la couleur sur une toile pour peindre un tableau. Ils ont agi avec si peu de jugement que, même en grévant le trésor du poids de l'indemnité, ils ont produit la confusion et la misère, au lieu de donner la liberté et la félicité, et rendu plus malheureux encore ceux dont ils déploraient la triste destinée. Ces législateurs inexpérimentés et présomptueux jugeaient des choses sans les connaître. Par leurs œuvres législatives on reconnaît ces ardents politiques qui ont tué nos colonies, et qui en eussent fait autant de la France, si le suffrage universel ne les eût renversés. Ils ont ignoré ou méconnu un livre digne de faire sensation; qui a résolu avec équité pour les maîtres et les esclaves, sans charge pour l'État, la question de l'abolition de l'esclavage. Dans cet ouvrage intitulé : *Conversion de la propriété esclave, en actions sur le salaire des affranchis*, M. de Maynard de Queilhes propose de réunir les esclaves du consentement des propriétaires sous la direction du gouvernement, de les diviser en groupes de 15 et 10 hommes pour donner le travail sous la surveillance d'un brigadier. Les maîtres auraient eu en échange une action égale au nombre de journées qu'ils pouvaient retirer de leurs esclaves. Les affranchis auraient fait le travail sous la surveillance de leur chef. Dès lors il n'y avait plus rien à exiger d'eux en dehors de la tâche régulière, ils eussent été bien traités, et eussent reçu le salaire de consommation nécessaire à leur existence. Le travail les eût préservés des conseils funestes de la paresse qui les conduit naturellement, par l'ivrognerie, à tous les vices, et leur fait commettre les plus déplorables excès.

Le maître aurait été indemnisé de l'affranchissement de ses esclaves par la prime que ceux-ci lui eussent abandonnée sur leur salaire. M. de Maynard, par cette généreuse et intelligente combinaison avait assurément résolu la grande question de l'abolition de l'esclavage. En effet, les noirs affranchis restaient travailleurs coloniaux ; leur existence, leur bien-être, leur liberté était assurée, dès-lors cessait pour les colons, le besoin de sévir contre des esclaves rebelles. Les chefs des esclaves eux-mêmes eussent maintenu la discipline.

Hélas ! Cette belle pensée du plus honnête, du plus loyal, du plus intelligent de nos penseurs, a passé sans obtenir le retentissement de la presse, et n'a pu être appréciée que du petit cercle d'amis de M. de Maynard de Queilhes. — Malheureusement aucun membre du gouvernement provisoire n'était de ce nombre et ne connaissait, quoique faisant alors une loi sur les colonies, l'ouvrage que nous avons cité.

L'émigration des blancs a été considérable depuis le décret de mars 1848, et leur nombre est bien inférieur au chiffre de 1841, qui était de 40,885.

Après les scènes de mai, juin et août 1849, les blancs, sous l'impression des événements de Saint-Domingue, fuient une terre où l'incendie, le meurtre, le vol et l'assassinat se commettent sans répression, sous les yeux des autorités civiles, militaires et maritimes (1).

(1) Sémaphore de Marseille du 17 janvier 1850, correspondance sur la Martinique et la Guadeloupe.

Voici du reste un article du *Journal des Débats* du 26 décembre 1849 qui justifie ce que j'avance :

« Le courrier anglais des Antilles nous apporte les journaux de la Guadeloupe jusqu'au 24 novembre 1849, et de la Martinique jusqu'au 28 du même mois.

Par le trois-mâts du Hâvre l'*Asie*, arrivé le 21 sur la rade du Fort-Royal, on avait appris à la Martinique l'annulation des élections de MM. Schœlcher et Perrinon, et, comme on le pense bien, cette nouvelle avait été accueillie avec des transports de joie par les amis de l'ordre et du travail.

A la Guadeloupe on ignorait encore cette bonne nouvelle le 24, et la réinstallation du colonel Fiéron dans le gouvernement de cette colonie. . . . . . .

Néanmoins, la confiance était loin de renaître dans nos malheureuses colonies; la Guadeloupe surtout paraît cruellement frappée; le travail n'y reprend pas, et, ce qui est le plus affligeant de tous les symptômes, l'émigration des blancs continue. Ainsi on lit dans l'*Avenir* du 24 novembre :

Le navire l'*Anna* a quitté ce matin notre rade, se rendant à la Nouvelle-Orléans.

L'*Anna* emporte encore vers la terre étrangère un nombre considérable de nos compatriotes, que la désorganisation coloniale contraint à quitter leurs foyers, le beau pays qui les a vu naître pour la plupart, des positions honorables, des propriétés pleines d'avenir, des établissements précieux pour le pays.

Ainsi, parmi les passagers à qui nous faisons nos adieux, nous remarquons, M. Lebaudy, mécanicien, qui avait créé à Marie-Galante un établissement de construction comparable, proportion gardée, à celui de MM. Derosne et Cail ; M. Talard, notaire, au Moule ; M. Jarron, instituteur ; MM. Favager ; H. Samain ; Ladevèze, sa femme et deux enfants ; H. Lauzenghein ; E. de l'Aréal, sa femme et deux demoiselles ; L. Cherot ; P. Franceschi ; Ph. Lézan ; B. Croutzien ; Mme veuve Cherot et sept enfants ; Mme veuve Lagrange et trois enfants, et Mme veuve Saint-Étienne Auril.

« Ainsi chaque navire qui part pour les États-
« Unis emporte une partie de la population blanche,
« des enfants de la France, que son bras si fort et si
« puissant semble ne plus vouloir soutenir : ainsi,
« avec une rapidité effrayante se retirent du pays
« l'*intelligence*, les *capitaux*, l'*industrie* que rien ne
« remplace, et qui, laissent, après eux, un vide
« qu'il sera bien difficile de combler.

« *La France ouvrira-t-elle enfin les yeux sur la*
« *situation qui nous est faite*, et que son indifférence,
« autant que les manœuvres de nos ennemis, ag-
« gravent en les perpétuant ?

« Qu'elle y prenne garde ! Si elle n'arrête promp-
« tement le courant qui porte la civilisation colo-
« niale vers la terre américaine, ses colonies sont

« perdues, et elle aura la honte de les voir remonter
« dans la barbarie, plus loin peut-être, que la
« malheureuse Saint-Domingue. »

Ainsi, l'œuvre du gouvernement provisoire dirigée contre les blancs, aura le même effet, que les ordonnances de Louis xiv contre les protestants. — L'industrie quittera une seconde fois le territoire français pour enrichir d'autres États. — Ce qui prouve que persécuter n'est pas gouverner, et que si les chefs de l'État peuvent faire des lois, ils sont impuissants à changer les instincts des peuples.

L'ancienne prospérité des colonies a disparu pour jamais : le niveau de la misère s'étend sur toutes les existences, et aucune indemnité ne saurait changer l'état des choses.

Premièrement, parce qu'un pays ne peut pas vivre sans travail, et que le travail est impossible aujourd'hui sans recourir à des moyens que repousse l'humanité. La mortalité qui frappait annuellement les noirs s'élevait à un septième et même davantage, alors qu'ils étaient surveillés, soignés chez des maîtres intéressés à leur conservation ; elle sera bien plus grande maintenant. Les noirs mettent le peu d'argent qu'ils gagnent à acheter du tafia non rectifié, dont les effets sont aussi désastreux sur la santé que sur les facultés intellectuelles. La vie qu'ils mènent dans l'oisiveté et la paresse, les conduit presque fatulement de cet état à la mort ; et le temps est prochain où les bras manqueront de plus en plus.

Secondement, parce que la plus grande partie des colons étaient engagés pour des sommes très-considérables sur toutes leurs facultés mobilières ou immobilières, et qu'ils ne trouvent pas dans l'indemnité des moyens d'améliorer leur culture ou de faire venir des travailleurs :

Troisièmement, parce que les colons qui ont obtenu, par l'indemnité, un moyen d'existence, se sont hâtés de fuir cette terre maudite où l'on voit partout germer la haine et éclore les crimes. Cette émigration ne tient pas seulement à des craintes personnelles, à un sentiment politique ; un calcul très-simple la justifie.

Dans le pays où l'esclavage est légal, un noir vaut 1400 fr. environ, la vie moyenne est de 7 ans, le maître porte en dépense 200 fr. pour l'année d'un esclave ; il le nourrit, l'habille, lui abandonne un terrain, ce qui peut être estimé à 300 fr., total 500 fr. En supposant 300 jours de travail dans l'année, la journée vaut 1 fr. 60 c. Or, si avec le prix aussi minime d'une journée la production coûtait beaucoup, elle devient impossible si le salaire du nouvel ouvrier vaut 3 fr. Que sera-ce s'il exige 5 fr. ?

L'état des charges qui grevaient les propriétés des colons, prouve dès-lors le peu de bénéfices qu'ils retiraient de leur culture, malgré les priviléges dont ils jouissent. L'indemnité a passé en grande partie dans la bourse des usuriers qui pressuraient la propriété, en sorte que la plupart des colons qui sont restés ne peuvent, pas plus après qu'avant l'indemnité, faire des avances à la culture de leurs terres, et vont se trouver sans moyens de produire.

Mais alors ou les terres resteront vagues, ou de nouveaux colons achèteront à bas prix les terres montées d'usines. Bientôt ils feront des mémoires à la métropole pour solliciter de nouvelles immunités, de plus grands subsides.

Il faut bien établir que la position des nouveaux colons n'est pas identique avec celle des anciens.

Si les premiers colons ont obtenu des priviléges même rigoureux pour le pays, leur action, leur concours était utile à la nation. Ils formaient des établissements commerciaux dans des pays lointains, indispensables à l'indépendance de la nation, au développement de l'industrie et de la marine. D'un autre côté, au moment de la concession des priviléges, nos colonies étaient immenses, et les premières agglomérations s'étaient faites si facilement que l'on devait penser voir croître, comme par enchantement, de grands débouchés commerciaux.

Plusieurs de nos possessions avaient des ports utiles aux opérations militaires, et nous avons vu dans nos dernières guerres l'importance de l'Ile-de-

France. Mais les colonies qui nous restent, si nous en exceptons Fort-Royal, n'offrent pas un port utile pour abriter ou réparer une flotte, encore l'entrée est-elle périlleuse et difficile à cause des hauts fonds qui s'y trouvent, presque toutes reçoivent les navires du commerce sur des rades foraines, où mille dangers sont sans cesse menaçants.

Mais aujourd'hui nos colonies sont loin de compter 40,000 blancs, elles ne peuvent pas porter nos marchandises dans d'autres contrées : leur production est impossible au prix des salaires des hommes libres. Les événements de 1848 ont porté un coup fatal au commerce des colonies, en sorte que les maisons les plus importantes se trouvent dans l'impossibilité de payer leurs engagements au commerce de la métropole, paralysent ses opérations et créent une nouvelle cause d'embarras et de ruine. Leur dépense de 28,000,000 fr. est très onéreuse à la France. Est-ce le moment de charger le trésor de nouveaux sacrifices ? Cela paraîtra impossible si l'on examine, sous le double point de vue de l'utilité et de la justice, les charges qu'impose la protection des intérêts coloniaux.

Il convient de rechercher aussi la valeur réelle de l'indemnité donnée aux colonies par suite du décret de mars 1848.

L'indemnité donnée aux colons, pour l'affranchissement des esclaves, au cours de 90 fr., est de . . . . 124.000,000 f.

Soit le 64e de la dette publique qui est de 8,000,000,000. La dette publique a perdu un tiers de sa valeur, au cours de 1847.

L'indemnité coloniale pèse sur cette dépréciation pour un 64e, soit 40,000,000

Ayant été délivrée au cours de 90 fr., la perte de l'état est d'un 10e sur la rente, qui est au pair de 100 fr., soit 1,240,000

En réalité, l'indemnité de 124 millions, donnée aux colons, représente pour la fortune publique, relativement aux anciens rentiers, une somme de 165,240,000

Ce calcul est rigoureusement juste, puisque le cours de l'argent est descendu à 4 p. % environ, et que les inscriptions de rentes données aux colons, le cours de la rente s'élevant à 120 fr., représenteraient un capital de. 165,240,000

Quelle que soit la bonne volonté du gouvernement envers les colonies, il ne peut pas donner des primes à la production des sucres et cafés coloniaux. Il est forcé de la laisser libre. Eh bien, dès-lors les colonies françaises ne pourront plus produire, si elles n'ont pas d'autres travailleurs que des Européens. Chacun d'eux aura l'idée de faire fortune et se louera chèrement. D'un autre côté, les travailleurs pris ailleurs que dans le midi de l'Europe, resisteront difficilement à un travail assidu, sous un ciel tropical. Sans doute, après avoir été éprouvés, les ouvriers de tous les pays s'acclimateront; mais assurément cet apprentissage se fera aux frais des colons qui auront appelé des Européens; d'un autre côté, ceux-ci dépensent plus que les noirs pour leur existence aux colonies, ce qui rend indispensable l'élévation du salaire.

Déjà, depuis l'indemnité énorme de cent vingt-quatre millions, donnée par la France à ses colonies, le gouvernement a demandé de nouveaux crédits pour payer le passage des ouvriers qui seront engagés par des colons. En sorte que le trésor public doit être ouvert sans fin et sans mesure aux prodigalités coloniales. Il est temps d'y mettre un frein et de n'écouter que le droit. A peine les 124,000,000 sont-ils donnés que les colons français, dont la fortune n'était pas engagée, fuient une terre maudite sur laquelle le crime reste impuni. Mais les colonies peuplées de blancs ruinés, de Congos, de Mozambiques, de Metis, recommencent leurs doléances et s'attachent de nouveau aux flancs de la France pour succer ses finances.

Nous connaissons maintenant l'état de nos colonies, les produits qu'elles exportent, ceux qu'elles consomment. Jetons un coup d'œil sur l'état de notre marine marchande. Son dépérissement est d'autant moins explicable que le salaire de nos équipages est presque moitié moins cher que celui des Anglais et des Américains, et que les vivres reviennent à meilleur marché, pris chez nous. Il faut donc rechercher les causes de ce dépérissement dans nos institutions coloniales et administratives, et consigner ici cette vérité que rien n'est plus funeste à la marine que d'être placée sous la direction d'hommes nés dans l'intérieur des terres, ignorants des choses de la mer et du commerce maritime.

Le système des douanes, établi exclusivement pour favoriser la production et le monopole colonial, paralyse chaque jour davantage le commerce et la navigation. Plus les nouveaux états de l'Amérique du Sud comprendront leurs intérêts, et plus ils favoriseront les produits des nations qui n'ont pas de colonies, pour écouler avec faveur leurs récoltes de sucre et de café.

Si la France ne change pas ses tarifs, ne consulte pas mieux l'intérêt *national*, nos exportations, qui sont en baisse, diminueront encore, et viendra un temps où elles seront nulles.

La *situation* de notre marine marchande exige la plus sérieuse attention. Elle sert les intérêts du commerce, du personnel qu'elle emploie, et celui de la marine nationale dont elle est la force principale. Depuis longtemps elle voit ses navires et ses armements diminuer continuellement ; tandis que les Anglais augmentent sans cesse le nombre de leurs vaisseaux.

Ils avaient :

En 1820, 25,374 navires jaugeant 2,648,593 tx.
En 1844, 32,320   —   3,637,231

Les Français avaient :

En 1827, 14,322 navires jaugeant 1,692,125 tx.
En 1844, 13,679   —   1,604,637

Détail des forces des navires du commerce.
7970 navires jaug. moins de   30 tx.
5438   —   300
260 navires jeaugeant de   300 à 600
5   —   700 et au dessus

Cet état comparatif de la marine anglaise et de celle de la France établit que, pendant 24 ans, la la première a augmenté de 5946 navires jaugeant 988,638 tonneaux, et la seconde, dans l'espace de 17 ans, a diminué de 643 navires jaugeant 87,488 tx.

Notre marine marche en sens inverse de la marine anglaise. Elle a subi de nouveaux revers, et elle va toujours en s'amoindrissant. Sans doute la navigation à vapeur sur les fleuves a augmenté le nombre des bâtiments, mais l'état de notre marine marchande ne s'est pas amélioré.

Le tarif de la loi du 26 avril 1833 pèse comme une paralysie sur notre industrie, nos produits naturels, notre commerce général, le bien-être de la nation, et en amoindrit chaque jour la vitalité.

La faveur accordée aux sucres coloniaux est presque, en réalité, une prohibition des sucres étrangers, car une taxe aussi disproportionnée ne contient pas seulement un privilége, c'est un monopole.

La culture du café est protégée aussi par des droits considérables. Ces droits protecteurs de la production de la richesse coloniale, sont oppresseurs pour la mère-patrie puisqu'ils sacrifient l'intérêt du commerce, de l'industrie, de l'agriculture et de la consommation.

Ils sont établis au rebours de ce qu'ils devraient être; en effet, les colonies ne renferment pas 40,000 français, la France est habitée par 35,000,000 d'âmes, l'action de la douane devrait favoriser la consommation dans l'intérêt général, et ne saurait continuer une protection inintelligente au profit des colonies égoïstes.

Il ressort de ce qui précède cette vérité manifeste, que ce ne sont pas les colonies qui sont établies pour les besoins de la France, c'est la France qui est exploitée, pressurée par les colonies; en sorte que les rapports de la métropole et des colonies sont en sens inverse de ce qu'ils devraient être.

Malgré cette protection absolue, ce monopole si onéreux au pays, les colonies ne peuvent produire assez de sucre et de café pour diminuer le prix de ces denrées, et rendre leur consommation générale en France. Bien plus, le monopole exercé en leur faveur empêche le commerce de tirer du Brésil, et des pays où ces denrées coûtent moins, de quoi satisfaire aux besoins de la nation. On ne prend que forcément pour la consommation des sucres et des cafés frappés de droits élevés qui en rendent l'usage trop onéreux.

L'élévation des tarifs dans l'intérêt exclusif des colonies, si contraire à celui de la métropole, est un abus monstrueux lorsqu'il est poussé au point d'entraver le commerce, d'arrêter l'importation étrangère, et de maintenir le prix d'aliments utiles au-dessus des ressources pécuniaires de l'homme qui vit de son travail. C'est un abus qui ne peut pas s'éterniser de nos jours, où l'intérêt général doit l'emporter sur l'action égoïste d'une faible minorité.

Il s'agit ici de la santé publique, et c'est une question grave que l'on ne saurait approfondir avec trop de prudence.

Les droits sur les sucres sont onéreux, restrictifs de la consommation et insuffisants pour le trésor.

Ils privent les habitants de la France d'une denrée

souvent employée comme médicament, et qui, dans tous les cas, est un fortifiant indispensable à l'enfance, à l'âge mûr et à la vieillesse ; d'un aliment sain , agréable et nutritif, d'autant plus utile qu'il modifie en bien l'usage de beaucoup de denrées alimentaires. L'abaissement de la taxe n'augmenterait pas beaucoup la consommation des classes riches ; mais ce serait en rendre l'usage accessible aux pauvres ; et mettre à leur portée un fortifiant qui soutient les forces de l'homme plus longtemps que les spiritueux , sans présenter le danger de conduire à l'ivresse ; c'est-à-dire à la perte de la raison et à l'affaiblissement des forces physiques.

La France compte 34,500,000 habitants , elle consomme 120,000,000 kilog. de sucre, ce qui reviendrait à 3 kilog. 478 grammes par tête ; mais si l'on observe qu'il y a un nombre considérable d'individus qui consomment dix fois cette quantité, il faut en conclure que, malgré l'utilité du sucre, une grande partie de la nation n'en goûte jamais.

La population anglaise est de 28,185,000 habitants, elle consomme 210,000,000 kilog. de sucre, soit 7 kilog. 450 grammes par tête.

Pour atteindre le chiffre de la consommation anglaise, il faudrait fabriquer ou introduire en France 248,500,000 k. ; soit 184,940,329 k. en sus du chiffre actuel. Si, par une loi nouvelle, l'on abaissait les droits sur les sucres de nos colonies de 50 f.

à 25 , et sur les sucres étrangers, importés par navires français, de 104 50 à 30 fr. , on développerait la consommation par le grand nombre, en lui assurant une importance qu'elle n'a jamais eue.

Le café n'est pas seulement une boisson de luxe, c'est un puissant excitant qui ne produit aucun effet nuisible. Il est donc injuste, par l'élévation de la taxe, d'en priver la classe nécessiteuse, celle qui en a le plus besoin, puisqu'elle use le plus sa force.

Tout le monde en France aime le café, chacun apprécie ses bienfaits, les personnes aisées en usent habituellement, et si le prix était à la portée de toutes les bourses, la consommation prendrait son véritable niveau.

Le sucre et le café sont comptés avec raison au nombre des aliments de première nécessité. On ne peut donc pas, par des taxes arbitraires, en priver une grande partie de la nation, sans commettre un acte rigoureux qui doit être motivé par les raisons les plus puisssantes.

Sous l'empire des taxes exagérées de la douane qui frappent les cafés, il est entré en consommation, savoir :

En 1847, 46,797,786 k. de café, sur lesquels nos colonies ont fourni 1,023,956 k.

En 1848, 44,862,334 k., sur lesquels nos colonies ont fourni 739,590 k. seulement.

Le café vaut dans le commerce de détail à peu

près 3 fr. le kilog. Cependant le même poids du meilleur café se vend à Rio 70 c. environ. Ajoutez un fret de 5 cent. et un droit de 30 p. %, et le consommateur pourrait avoir du café excellent à 1 fr: ou 1 fr. 10 c. le k., soit de 50 à 55 cent. la livre dans toutes les villes de France.

Mais comme le café est trop cher, des spéculateurs composent une sorte d'équivalent avec de la racine de chicorée torréfiée, qui, s'il n'est pas malfaisant, ne produit aucune excitation. On fabrique sous le même nom de café chicorée, avec de la sciure de bois, du tan, de la racine d'Iris, une substance malsaine, et qui pourtant se vend partout et publiquement. Elle joint, à un effet débilitant, des causes morbifiques très sensibles chez les femmes.

Le café chicorée figure dans la vente pour 2,331,700 kilog., c'est-à-dire 1,307,746 kilog. de plus que le café produit par nos colonies en 1847, c'est le septième environ de la consommation générale du café. Et pour 1848 ce chiffre est triple de celui du café de nos colonies consommé en France.

Remarquez bien que cette consommation pèse exclusivement sur les pauvres gens. Car où ils prennent l'infusion de chicorée seule et elle est alors un débilitant qui les oblige, pour soutenir leurs forces dans de rudes travaux, de recourir aux liqueurs alcooliques; ou bien ils la prennent mêlée au café, et il faut, dans ce cas, en prendre deux fois

autant que du café pur, pour avoir le même effet,
ce qui élève le prix du café, dans ce cas, d'un tiers
en sus.

En l'état, le café chicorée vaut 1 fr 25 et 1 f. 50
la livre. Et pourtant, le café de Rio pourrait être
donné à 1 fr. le kilog. N'est-ce pas une fraude
contre la santé publique de permettre la vente d'un
pareil produit? N'est-ce pas une faute bien grande,
en économie politique, de maintenir sur une substance aussi utile que le café un droit qui en limite
l'usage et arrête les recettes de la douane?

La consommation de la chicorée est une preuve
du goût national pour le café, puisque les gens trop
pauvres substituent souvent la chicorée au café.

Si les droits étaient abaissés sur les cafés à 25
et 30 p. %, la consommation du café s'élèverait
bientôt à 60,000,000 k.

Et ici, qu'on le remarque bien, la production des
colonies est par trop insignifiante pour qu'elle puisse
être l'objet du monopole qui gêne la consommation
et l'extension de nos négociations commerciales.
Une semblable protection accordée à une production aussi minime serait une charge sans utilité.
Dans l'intérêt bien entendu du trésor, une taxe
qui limite la consommation d'une denrée imposée
est un non sens. Elle n'est bonne et lucrative pour
l'État qu'autant qu'elle favorise le bien-être général,
le développement de l'industrie. L'impôt lui-même

n'est riche que, quand payé par la généralité des citoyens, il n'en gêne aucun.

Or, descendez le droit sur les cafés à 25 p. % apportés par navires français, à 30 chargés par les navires étrangers, et la consommation atteindra bientôt le chiffre de 60,000,000 k. En répandant ainsi plus de bien-être sur le peuple, l'État obtiendra de notables augmentations dans les recettes sur l'importation des cafés seulement.

Il importe de rechercher la cause de la plus value des cafés et des sucres des colonies françaises. Vient-elle du prix de la main-d'œuvre, ou de la difficulté de la production elle-même ?

Ce qui est certain, c'est que nos colonies ne peuvent pas livrer leurs produits au même prix que le Brésil, Java, etc......, et que pour leur donner cours en France, il faut frapper les sucres et les cafés étrangers de doubles droits sans même arriver à équilibrer la valeur.

Le prix de la main-d'œuvre, du temps de l'esclavage, était absolument le même dans toutes les possessions transatlantiques. Un esclave bien constitué propre au travail agricole valait de 12 à 1400 francs, suivant l'abondance du marché. Au Brésil la vie moyenne des nègres est de 7 ans, ces nègres donnent beaucoup d'enfants. Dans plusieurs de nos colonies la vie des esclaves est de 4 ans et généralement ils se reproduisent moins. Cette différence ne suffirait pas cependant pour élever à ce point le prix des produits coloniaux et pour établir une si grande disproportion entre les sucres du Brésil et ceux de nos possessions.

Il faut le dire, les habitudes luxueuses de nos colons, qui s'entourent de tout le confort que peut donner l'argent, les entraînent presque tous dans des affaires difficiles. Ces embarras financiers les empêchent d'améliorer leur culture, leur fabrication, et de livrer leurs produits à bon marché. Ils abandonnent la gestion de leurs habitations à des *faitors* dont les intérêts ne sont pas toujours d'accord avec ceux du patron. De là des pertes, des fraudes qui ruinent les fortunes les mieux établies, diminuent les produits et en maintiennent la vente à un prix élevé.

Les Portugais et les Brésiliens vivent très simplement dans leur intérieur, et même les plus riches d'entre eux ne font servir sur leurs tables que de la volaille, de la carne sèche, des haricots noirs avec de la farine de Manioc. La nourriture du maître n'est presque pas plus dispendieuse que celle des esclaves. Quelques repas dans l'année, quelques jours d'hospitalité, voilà la dépense des Portugais, aussi ont-ils presque tous des avances considérables.

Le prix élevé du produit de nos colonies pourrait avoir encore une autre cause, par exemple, si les plans de café ou de cannes en donnant des qualités supérieures rendaient moins en quantité.

Ainsi nous voyons les oliviers d'Aix, toute condition de culture et de force de l'arbre conservée, produire plus en qualité et moins en quantité que certaines espèces d'olivier du Var. La petite quantité d'huile d'Aix, en libre concurrence avec les huiles du Var, conserve une supériorité de prix très marquée. Le propriétaire trouve par la vente une compensation à la quantité par la qualité.

Sans doute, les produits de nos colonies sont plus estimés que ceux de l'étranger. Mais, si cette supériorité vient de soins particuliers, c'est-à-dire d'une dépense plus grande, elle est une charge et non un avantage. Supposez que ces produits ne fussent pas protégés par un monopole, trouveraient-ils une faveur suffisante à la vente pour indemniser le producteur de ses avances? Cette supériorité ne résulte pas de qualités plus bienfaisantes, mais d'un goût plus délicat, préféré par certains gourmets. Or, pour la masse des consommateurs, cette délicatesse est inconnue, et les produits ayant d'ailleurs les mêmes qualités, et à un moindre prix, seront plus recherchés. Ainsi, l'huile d'Aix, qui a un goût *sui generis* dans son état le plus parfait, n'est aimée que de peu de personnes, et dans la vente pour le public, les huiles du Var, moins parfaites, ayant moins le goût de fruit se placent bien plus facilement et sont plus recherchées des consommateurs qui trouvent à bon marché les mêmes effets bienfaisants. Si la production de l'huile d'Aix excédait la consommation des gourmets et qu'elle entrât dans la commerce général, son goût *sui generis* n'étant pas accepté par le public, amènerait la baisse de son prix.

Le goût plus estimé de nos produits coloniaux n'est donc pas une raison pour les imposer à la population riche et pour priver la classe pauvre des mêmes produits tirés à meilleur marché des pays étrangers. Car il ne s'agit pas d'une prime à la production coloniale, mais de faciliter en France la consommation générale de choses utiles à l'homme.

Ainsi les terres de nos colonies sont peut-être moins propres à la culture du sucre et du café que d'autres contrées. On obtient bien ces produits, mais avec plus de peine, plus de main d'œuvre, plus de dépense. Dès-lors il en résulte une grande différence de prix sur une même quantité de denrées produites dans un pays où la culture est artificielle et dans celui où elle est naturelle.

Ainsi on pourrait obtenir des récoltes de vin en Beauce, d'huile en Bretagne, mais comme ces productions seraient obtenues contre la nature du climat, du sol, à force de soins et de frais, la vente des récoltes ne couvrirait pas la dépense. La nature exige que chaque produit vienne dans la terre sous la latitude qui lui convient, pour que la récolte coûte peu, soit abondante et de bonne qualité.

Est-il juste pour favoriser la production coloniale, soit 40,000 habitants au plus, d'imposer à 35 millions de Français cette alternative, ou de payer cher le sucre et le café, ou de s'en passer.

Assurément, jusqu'en 1848, l'esclavage offrait aux colons français les avantages dont jouissent les Brésiliens. Cependant il y a toujours eu une grande différence entre le prix du sucre de Rio et celui de Bourbon ou des Antilles, et cette même différence s'est fait remarquer sur les cafés.

Or, si le sol de nos colonies est épuisé, ou plus dur à la culture, ou moins favorable à la fructification, le prix de la vente doit monter pour couvrir les dépenses, car la valeur d'une denrée n'est pas en raison de la quantité produite, mais de la dépense faite pour obtenir la production. Reste à savoir si le consommateur français doit supporter cette plus-value ? Les lois de douane françaises protègent exclusivement les producteurs coloniaux en frappant les sucres et les cafés étrangers de droits tellement considérables qu'ils constituent un monopole en faveur de nos colonies, et sacrifient le bien-être et l'intérêt colonial.

Un ananas coute 10 fr. à Paris, et au Brésil on en a 50 pour ce prix. Probablement les noirs qui vendent 50 ananas gagnent plus que le jardinier de

Paris qui reçoit 10 francs du sien. Ces ananas, venus sur des roches, ne coûtent que la peine de les cueillir et de les apporter à la ville. Les 10 francs sont un bénéfice net, tandis que le jardinier, vainqueur de la nature par ses soins, ses veilles, ses avances, gagne souvent fort peu en vendant fort cher.

Supposez maintenant que ce jardinier produise beaucoup d'ananas à un prix si élevé ; il ne les vendra pas ou les cédera à perte, parce que le nombre des personnes qui peuvent donner 10 fr. d'un fruit est très-limité.

En admettant qu'un jardinier spéculateur ait monté de grandes serres pour produire des ananas, et que ceux du Brésil puissent venir frais en France, si nous voulions que nos ananas seuls eussent cours sur notre marché, il faudrait frapper les ananas brésiliens d'un droit de 11 fr. Or j'admets que cent gourmands prennent cent ananas brésiliens, les droits de douane produiront 1100 fr. Le jardinier végétera comme par le passé, parce qu'il s'entêtera à vaincre la nature pour donner à un petit nombre de consommateurs un fruit de luxe. La majorité de la nation sera privée d'ananas : par une réciprocité naturelle, les droits de douanes du Brésil s'élèveront sur nos produits en raison de notre tarif.

Mais supposez que nous abaissions le tarif sur les ananas à 25 c. ce fruit pourra être livré à 50 c., comme il est savoureux et bienfaisant, on en vendra 4,000,000 peut-être. Or, les droits de douanes étant de 11 fr., auront produit 1100 fr., à 25 c. ils produiront 1,000,000 fr.

La raison en est simple, l'impôt ne peut être riche que payé par le plus grand nombre, il n'est juste que s'il n'est pas une gêne pour le contribuable, il n'est bon que s'il aide l'État, favorise l'industrie en général, c'est-à-dire le mouvement des fonds. Or, établir un monopole en faveur de nos produits contre ceux de la même espèce de l'étranger, c'est appeler le monopole des gouvernements étrangers contre nos produits, c'est porter atteinte à notre exportation; c'est nuire aux intérêts généraux pour favoriser une production incapable de soutenir la concurrence. Il ressort de la comparaison des ananas, que, si le sucre et le café du Brésil sont introduits avec réduction des droits pour en faciliter la consommation en France, nous forçons le Brésil à diminuer ses taxes sur nos produits, et alors il s'établit entre les deux peuples un commerce avantageux par des retours en marchandises qui constituent une source véritable de richesse.

Les colonies sont loin de produire assez de sucre et de café pour la consommation actuelle de la France, que serait-ce donc si cette consommation était arrivée à un développement raisonnable?

Elles n'ont produit en café pen-

dant 1847 que . . . .   1,023,956 k.
 Et pendant 1848 que.   739,590
 Elles ont importé en sucre pen-
dant 1847   99,401,931
 Et pendant 1848   63,959,671
 Or, la consommation du café a
été en 1847 de.   16,797,686
 En 1848.   14,862,384
 Elle devrait être de.   60,000,000
 La consommation sur l'importa-
tion du sucre en 1847 a été de. .   87,689,227
 Et en 1848 de   63,959,671
 Elle devrait être de . . . . . .   248,500,000 k.

Assurément nos colonies ne peuvent pas fournir en plus de la production actuelle 50 millions de k. de café et 184,940329, k. de sucre nécessaire à la consommation générale pour qu'elle assure le bien-être de la France. Or, maintenir le droit actuel en présence de l'impossibilité où sont les colonies de répondre aux besoins de la France, c'est favoriser une production insuffisante et nuire à la consomma-tion, au bien-être de 35,000,000 d'hommes pour enrichir moins de 40,000 colons, c'est assujétir les intérêts de la France à celui des colonies. Que l'on abaisse le droit à 25 fr. les 100 k. de sucre ou de café de nos colonies et 30 fr. sur les mêmes denrées des colonies affranchies et la consommation prendra une extension qui la portera bientôt à son point raisonnable, augmentera la perception des douanes, l'action commerciale et le bien-être général.

La consommation du café était en 1847 de 16,797,686 kilogrammes, et celle de la chicorée de 2,331,700 kilogrammes, il est évident que si le café valait 50 c. la livre, la chicorée n'aurait plus de cours ni de vente, en quoi la santé publique gagnerait beaucoup. La vente du café prendrait un accroissement considérable. Si le sucre valait 40 ou 50 c., l'usage s'en repandrait comme celui du café; il deviendrait un aliment puissant, tonique, fortifiant pour la classe pauvre qui l'adopterait avec le même plaisir que la classe aisée : les hommes adonnés à des travaux pénibles qui épuisent leurs forces, en ressentiraient un bien-être capable de les préserver de beaucoup de maladies.

Mais, sous le rapport commercial, l'abaissement du tarif sur les deux articles aurait des résultats très importants. Au Brésil et dans les pays qui produisent du sucre et du café, notre commerce d'exportation est limité à la quantité de produits que nous pouvons prendre en retour de nos marchandises. Dans l'état actuel, nous ne chargeons au Brésil que les sucres et les cafés dont le placement est possible, soit en France sous le poids des droits énormes qui les frappent, soit dans le nord de l'Europe; dés-lors les matières propres à nos retours sont très limitées.

Mais, supposez que nos tarifs soient abaissés, que la consommation française absorbe en plus 50 millions de kil. de café et 185 millions kil. de sucre, notre industrie fournira à notre commerce les moyens d'acheter ces denrées, notre marine portera nos produits manufacturés pour rapporter des sucres, des cafés et des matières premières propres à la fabrication. Ces matières premières, comme les bois de décoration, les cuirs, seront préparés en France, employés à la confection d'objets divers et livrés pour obtenir de nouveaux retours. Or, un pareil commerce serait une cause de progrès, de prospérité pour l'industrie, le commerce, la marine, les finances, et la richesse de la France entière.

Il ne faut pas croire que les Brésiliens et les autres habitants de l'Amérique du Sud ne soient pas désireux d'acheter plus de produits européens qu'ils ne le font aujourd'hui, mais la satisfaction de leurs goûts est limitée par la somme de leurs revenus. Doublez leurs revenus par l'achat de leurs denrées, leur gouvernement abaissera les droits qui frappent nos produits, et ils en consommeront quatre fois plus.

Aucune nation, jusqu'à ce jour, n'a su autant que la nation française, mériter les sympathies des Brésiliens, en sorte que si, en abaissant le tarif des douanes en leur faveur, nous nous mettions en état de consommer leurs sucres et leurs cafés, nul doute que nos produits, généralement préférés, chez eux n'obtinssent une prépondérance qui leur assurerait la consommation de 8 à 10 millions d'habitants.

Mais, dira-t-on, en demandant à la place de Rio plus de café, le prix s'élèvera en proportion des commandes ?

Oui, sans doute, si tout le terrain propre à la culture du café et du sucre était aujourd'hui exploité. Mais que les demandes se multiplient, et la production s'accroîtra en proportion, en sorte que les demandes augmentant progressivement, le prix du sucre et du café restera le même. Assurément, si du jour au lendemain, il fallait que la place de Rio fournît une somme de marchandise aussi considérable, il y aurait une grande variation dans le prix des denrées. Mais l'abaissement du tarif lui-même ne produirait pas immédiatement une consommation générale qui ne peut s'établir que progressivement et en gagnant de proche en proche.

Or, le commerce avec le Brésil, en 1847, était estimé, pour l'importation, à 28,000,000

Pour l'exportation en France, à 18,000,000

Total. . . . 46,000,000

Il serait porté à 63,000,000 d'achats. 63,000,000

A une somme au moins égale

d'exportation. 63,000,000

Le fonds du commerce avec le
Brésil serait de. 126,000,000

Ce qui donnerait une augmen-
tation de. 80,000,000

A quoi il faudrait ajouter le bénéfice du fret et
des assurances. L'accroissement des affaires commerciales avec le Brésil ne s'arrêterait pas à cette
somme de 126 millions.

Et la raison en est toute naturelle, généralement
ce sont des maisons françaises qui prennent, soit en
consignation, soit à leur compte, les marchandises
que nous exportons, et déjà Rio de Janéiro renferme 12 à 15 mille de nos compatriotes. Chaque
passage de navire français conduit de nouveaux
émigrants, en sorte que Rio a l'aspect d'une ville
française ; entrez dans tous les magasins de luxe, on
y parle notre langue. Les boutiques de la rue d'Ou-
vidor sont presque toutes tenues par des Français et
approvisionnées de nos produits.

Les conséquences d'un pareil commerce avec
une nation amie, aussi riche d'ayenir, sont incalculables.

La consommation n'est pas limitée au Brésil comme
à la Martinique, à la Guadeloupe, à quelques milliers
de blancs et à quelques vingt mille noirs. Elle s'étend,
par une réciprocité d'intérêts bien entendus, à tout
un peuple. La vente française est établie dans le

port le plus fréquenté, le plus sûr du monde, et rayonne de là partout à l'intérieur et à l'extérieur. Les agents des maisons françaises à Rio sont nos compatriotes qui, tout en servant les intérêts de leurs patrons, s'assurent pour le jour de leur établissement, une nombreuse clientèle. Ils préparent par là de nouveaux débouchés à nos produits. Ainsi le commerce de Rio, de Montévideo, du Chili, etc., est ouvert avec faveur aux produits français; il ne s'agit donc, pour leur donner un immense développement, que de favoriser des retours considérables.

En effet, les échanges seuls peuvent être la base d'un grand commerce maritime; il faut que les marchandises qui chargent un navire soient remplacées par d'autres marchandises, de manière que le fret du voyage soit réparti sur les deux consommations américaine et européenne, sans quoi les marchandises grevées d'un double fret seraient dans des conditions trop défavorables pour soutenir la concurrence avec les nations qui pourraient charger des retours à Rio.

D'un autre côté, le commerce d'échange dont je parle ici, ne consiste pas à solder une pendule par cent arobes de café, mais à compter la valeur de la pendule à l'exportateur, qui pourra trouver dans le pays des sucres, des cafés ou d'autres marchandises à prendre pour charger son navire. Il ne s'agit pas d'une action d'échange du vendeur à l'acheteur, mais du commerce établi entre deux pays produisant des denrées différentes qui peuvent être l'objet d'un chargement; afin que le vendeur de la pendule, par exemple, puisse, avec le prix acheter cent arobes de café et donner par la revente en France, un double bénéfice à son voyage.

Le fret des ports étrangers pour la France sont souvent à bas prix, même, en acceptant cette condition désavantageuse, les navires restent quelquefois six semaines ou deux mois pour compléter un chargement. Le temps passé dans un port étranger est très coûteux, à cause de l'entretien de la solde de l'équipage, de l'intérêt mort de la valeur du navire, du droit d'ancrage et de séjour que l'on paie presque partout.

Ce désavantage est l'effet d'un commerce qui, avec l'argent de la première cargaison, peut difficilement trouver des marchandises propres à opérer un retour avantageux.

Rio, par exemple, nous offre des cuirs, des bois, des cornes pour notre industrie. Mais les sucres et les cafés, ses plus riches produits peuvent difficilement former un chargement pour la consommation à cause de nos taxes. Ils sont plus souvent portés sur des navires français pour l'entrepôt, et de là expédiés dans le nord de l'Europe presque toujours sur les navires de la nation qui consomme.

Si notre importation pour l'usage était favorisée

par l'abaissement des droits sur les sucres et les cafés
étrangers, la marine serait obligée de doubler ses
moyens de transport, et nous verrions dans peu de
temps les progrès qu'une nouvelle législation im-
primerait sur les affaires commerciales.

Nous ne craignons pas de l'affirmer; que l'extension de l'importation des sucres et des cafés soit
facilitée par la diminution des droits de douane, et
aussitôt 40,000 marins viendront doubler nos forces
navales; que le commerce crée des armements,
aussitôt les volontaires se présenteront pour y prendre part, et tous les ouvriers prêteront leur concours aux travaux à exécuter.

L'effet d'une pareille mesure serait de créer de
grandes entreprises industrielles, de mettre en
mouvement les ateliers de construction, de rendre
la vie à la fabrication, de rouvrir les grandes ar-
tères de la circulation du capital, en un mot de ra-
viver la fortune publique.

La masse des capitaux roulant pour les expédi-
tions passe de l'industrie aux impôts, va de tous
à chacun. Il est certain qu'une somme de trois
cent millions d'affaires venant à se présenter sur
la place en vente de produits français ou en achat de
denrées étrangères donnerait une vie nouvelle au
commerce, et occasionnerait des mouvements de
fonds très considérables. L'ouvrier, le marin, le ca-
pitaliste, le producteur, le commerçant, l'armateur

y trouveraient une occasion de bénéfices considérables.

Cet accroissement d'affaires ne diminuerait pas la production de nos colonies, fussent-elles indépendantes, ni le commerce établi avec elles, puisque mon raisonnement repose sur la certitude d'une augmentation de consommation des sucres et des cafés qui amènerait cette vie commerciale. D'ailleurs, la supériorité de qualité des produits de nos colonies leur assurerait toujours un prix très élevé, même en libre concurrence.

Est-il vrai que l'intérêt de nos colons soit suffisant pour imposer des privations au peuple métropolitain, arrêter l'élan commercial, paralyser l'industrie nationale, la fabrication, la navigation et imposer la France pour 28 millions?

Est-il vrai que l'importance des ports coloniaux ou l'utilité des colonies soit telle, que l'on doive continuer un monopole énorme qui prive la nation du bien-être, de pouvoir consommer à bon marché des aliments de première nécessité?

Est-il vrai que l'intérêt de quarante mille colons soit suffisant pour obliger le trésor à se priver des ressources énormes qu'il retirerait par l'abaissement des droits sur les sucres et les cafés étrangers, dont l'importation augmenterait dans des proportions considérables?

Nous le voyons, l'intérêt colonial est aujoud'hui

tout-à-fait contraire à celui de la métropole. Ainsi les colonies françaises ne vivent, ne se soutiennent que par le monopole et à l'aide de la somme énorme de vingt-huit millions pour leur administration.

Les colonies ont intérêt à ce que la France ne consomme que leurs produits. Évidemment c'est là une tyrannie exorbitante, surtout quand les colons blancs et les hommes de couleurs libres viennent de recevoir une indemnité de cent vingt-quatre millions!

Les colonies n'offrent, en compensation de leur monopole, ni une production suffisante pour la France, ni une consommation considérable de nos produits, ni une exportation importante. Elles ont une seule rade fermée, toutefois d'un accès difficile, présentant des ressources à notre marine militaire.

La législation qui favorise nos colonies arrête les transactions avec les pays étrangers, soit parce qu'elle rend impossibles les retours, soit parce que les gouvernements, dont nous frappons prohibitive-ment les sucres et les cafés, imposent nos produits par une taxation équivalente, presque aussi ri-goureuse.

Les droits de douane, dont le but est de favoriser la production coloniale, ont pour résultat direct de justifier l'élévation des taxes de l'étranger sur nos provenances, et, pour conséquence indirecte, d'apporter des entraves à l'exportation des produits industriels ou naturels de la France.

Ainsi en 1848 , pour protéger
une importation de . . . . 63,750,267.
Et une exportation de 20,707,301

Ensemble. . . . 83,457,568
Dont les droits s'élèvent à . . . 23,584,250

Nous taxons les sucres étrangers de manière à paralyser leur concurrence sur nos marchés. Une partie de ces sucres, qui entrent en consommation, sont achetés, malgré l'élévation du prix, quand les demandes l'exigent. — L'autre est dégrevée d'une partie des droits pour cause d'avaries. C'est-là un prétexte qui peut couvrir bien des combinaisons intéressées, que la surveillance publique atteint difficilement.

Ainsi, pour favoriser un commerce montant à 83,457,568, nous laissons forcément nos produits naturels ou manufacturés exposés aux taxes élevées des gouvernements étrangers.

Cependant les produits du sol de la France sont évalués à 5 milliards, et occupent six millions de travailleurs. — On estime la fabrication industrielle à 2 milliards, elle emploie 3 millions d'ouvriers.

Nous avons 1,972,000 hectares plantés en vignes, produisant cinq cent cinquante millions, au capital de deux milliards deux cent cinquante millions.— Les vins dont la réputation est faite, et ceux qui avoisinent les grandes villes, ont de la valeur. Les autres, qu'une bonne fabrication rendraient excellents, se vendent 5 cent. le litre, dans le midi, et sont généralement convertis en eau-de-vie.

En supposant que des taxes plus favorables que celles qui existent aujourd'hui, soient acceptées par les états étrangers sur nos provenances, à l'instant le vin sera demandé par les habitans du nord de l'Europe, de l'Angleterre, de l'Amérique, du monde entier, qui, à prix égal, préfèrent le vin aux boissons fermentées.

Cette consommation, ajoutée à celle qui existe augmenterait considérablement la vente des vins communs. En admettant que les vins fins produisent à peu près deux cent millions, et n'augmentent pas, il est évident que les vins ordinaires doubleraient leur prix, porteraient le revenu actuel de trois cent cinquante millions à sept cent millions. Mais, en réduisant même cette plus value à un tiers, ce serait encore un grand avantage pour la propriété.

Je cite un seul produit du sol ayant à gagner, il en est beaucoup d'autres encore qui seraient non moins favorisés. Ainsi la culture des betteraves, par exemple, qui a donné un revenu de soixante millions, réduit forcément aujourd'hui à trente millions, pourrait reprendre tout son essor.

Notre production industrielle trouverait d'immenses débouchés pour écouler ses produits. Or, cette branche du revenu public mérite une très sérieuse attention. — La fabrication du coton est comptée pour cinq cent millions, celle de la laine pour quatre cent millions, celle de la soie pour deux cent trente millions, celle de la bijouterie, horlogerie, bronze, etc., pour cent millions.

Certainement personne ne peut contester que la protection donnée inconsidérément aux colonies, n'arrête pour une quotité quelconque, en pays étrangers, l'essort de la vente de nos provenances, ne paralyse le développement de la marine, de l'agriculture et du commerce.

Or il s'agit ici d'évaluer le préjudice actuel résultant de la protection coloniale, soit l'accroissement futur du commerce, en cas d'ffranchissement de nos colonies; si je porte cette évaluation à un tiers de la valeur de sept milliards, on se recriera; mais si je me réduis à une huitième partie, eût-on l'esprit le plus têtu du monde, il faudra bien me faire une concession.

Eh bien ! le huitième de sept milliards est de neuf cent millions.

Cette somme est onze fois plus considérable que celle du commerce colonial pendant 1848, huit fois supérieure à celle du même commerce pendant 1847, année d'une grande prospérité commerciale, et du travail par les esclaves.

Le produit colonial est un 84me du revenu général de la France, et il entrave les transactions

avec l'étranger pour des sommes tellement importantes, que le revenu colonial est une perte réelle
et onéreuse imposée à la fortune publique.

Or il est incontestable que la réduction des taxes
sur les sucres et les cafés étrangers, suite naturelle
de l'affranchissement de nos colonies, amènerait
les gouvernements qui produisent ces denrées à
modifier leurs tarifs vis à vis de la France, pour
mettre à profit sa consommation.

Dès lors trois avantages :

Des alliances d'autant plus sûres qu'elles seraient
intéressées, et d'une utilité certaine, évidente en
cas de guerre ;

Un moyen puissant d'obtenir des faveurs spé-
ciales au commerce français contre la concurrence
anglaise ;

Le bien-être du peuple français par le développement de la richesse publique,

Mais l'on a toujours agi, à l'égard des colonies,
comme en 1648, au temps où les priviléges étaient
l'état législatif, et comme si le Canada, la Floride,
la Louisiane, l'Ile de France, Saint-Domingue
nous appartenaient : c'est-à-dire comme si les
colonies nous offraient des avantages à la place des
sommes énormes qu'elles nous coûtent, des privations et des pertes qu'elles nous imposent.

De 1827 à 1844, la marine a vu ses ressources
diminuer de 643 navires, d'un tonnage de 87,488 tx.

Depuis cet état officiel, la marine marchande compte de nouvelles pertes : et si le monopole protecteur de la production coloniale continue, le commerce et la marine de la France perdront une grande partie de leur importance.

Les lois de douane donnent encore ce résultat anormal et singulier qu'elles protègent beaucoup plus l'industrie que les consommateurs. En sorte que par suite de la restitution de droit, qui équivaut à une prime d'exportation, le sucre est à bien meilleur marché en pays étranger qu'en France. Ainsi, par exemple, le sucre que l'on vend à Nice 1 fr. le kil., vaut en France 1 fr. 80 c.

Je conçois bien la restitution des droits stricts sur les sucres exportés ; mais une restitution tellement favorable qu'elle devient une véritable prime, c'est de la prodigalité ! Le budget français est mis à contribution pour que les étrangers paient notre sucre meilleur marché qu'en France ; cela est une monstruosité au point de vue de l'économie nationale. Il faut en convenir, c'est une protection outrée accordée aux raffineurs, déjà favorisés par le monopole de la consommation de la France.

Il est bien certain que la loi piémontaise, en laissant, sous de faibles droits, introduire les sucres fabriqués en France, les considère comme un produit de première nécessité pour la santé publique. En cela, elle fait preuve d'un sentiment d'humanité qu'il serait désirable de voir imiter chez nous.

N'est-il pas étrange qu'un peuple qui possède de nombreuses raffineries et des colonies produisant du sucre, paie cette denrée plus cher que la nation voisine qui n'a ni colonie ni raffinerie ? N'est-ce pas la preuve la plus convaincante du peu d'intelligence et de raison qui a présidé à l'établissement de nos tarifs ?

Aujourd'hui, malheureusement, les colonies sont dans une position désespérée, par suite de l'affranchissement des esclaves, qui étaient les seuls producteurs coloniaux.

Puisqu'à force de lois et de liberté on a détruit la richesse des colonies fondée par des priviléges, il faut avoir le courage, le patriotisme de faire un dernier décret pour affranchir les colonies du joug de la métropole qui les tue ; et la métropole des exigences coloniales qui la ruinent.

Pour l'honneur de la France, il faut se séparer des colonies d'où s'échappent avec joie tous les blancs, tous les Français qui le peuvent. Et, puisqu'on ne veut pas les protéger, il faut les abandonner franchement aux noirs, Congos, aux Africains qu'on y a déchaînés comme des furies, et qui jouissent d'une impunité complète des crimes horribles qu'ils commettent contre les blancs, et les Français qui sont aux colonies.

Il est clair que, malgré le double droit imposé sur les sucres étrangers, ils sont entrés en consom-

mation, en 1847, pour. 9,620,068
Ceux de nos colonies. 87,826,082
En 1848, sucres étrangers. 9,539,087
Ceux de nos colonies. 48,370,766

L'impuissance de la production coloniale une fois établie par rapport aux besoins de la France, il faut choisir entre ces deux points extrêmes : ou donner la liberté aux colonies et admettre en consommation, aux droits de 25 p. %, les cafés et les sucres étrangers.

Ou bien doubler le tarif sur les sucres étrangers, pour établir lucrativement la production de nos colons.

Sans la taxe sur les sucres et les cafés étrangers, nos planteurs ne peuvent pas supporter la concurrence, puisque, exploitant un sol peu généreux, ils auront à payer de 3 à 5 fr. une journée de travailleur libre, tandis que dans les pays où l'esclavage est permis, elle ne vaut que 1 fr. 50 environ.

La conséquence du premier système est d'accord avec l'intérêt général. Le produit de la douane augmente par suite de l'accroissement de la consommation, qui répand sur l'État le bien-être, la prospérité du commerce, l'accroissement du revenu public et de la valeur du sol continental.

Le résultat du second système est de priver plus rigoureusement le peuple du bien-être, d'entraver le commerce maritime et de frapper d'interdit la production indigène, de diminuer le revenu du trésor public, la valeur du sol et la richesse générale.

Aucune des colonies que nous possédons ne nous offre autant d'avantage que Haïti. Depuis son affranchissement, notre commerce réciproque s'élève à quinze millions. Elle ne nous coûte rien et ne porte aucune entrave à nos trasactions avec d'autres peuples, ne limite pas l'extension de nos affaires commerciales.

Si nos colonies étaient affranchies comme Haïti, nous pourrions réduire de 66 p. % les droits sur le sucre, sans nuire aux ressources du trésor, puisque nous n'aurions pas à entretenir, à une distance énorme, une administration appuyée d'une armée de dix mille hommes, qui coûte vingt-huit millions.

En supposant, dans ce cas, que le trésor perçût un droit de 25 p. % sur les sucres de toute provenance, il entrerait en actif réel au compte de l'état; ce serait tout bénéfice, puisque, par l'affranchissement colonial, on supprimerait la dépense qui, pour 1847, est de près de 28 millions, et, pour l'année 1848, de près de 38 millions, outre l'indemnité de 124 millions.

Le sucre serait livré à un prix qui généraliserait son usage et augmenterait la richesse publique par l'accroissement des affaires commerciales et maritimes.

La preuve de ce que j'avance est facile à donner,

le produit de la douane, sur les opérations de 1847, avec les colonies, est de. . . . . . . 43,991,072 f.

La dépense coloniale s'est élevée à 28,000,000

D'où il ressort, sur des droits énormes, un bénéfice minime de. . . 14,991,072

Le produit de la douane sur les opérations commerciales avec les colonies, en 1848, est de. . . . . 23,584,250 f.

La dépense, outre l'indemnité de 125 millions, est de. 38,000,000

D'où ressort une perte, pour le trésor, de. 14,584,250

Si, en 1847, le trésor a tiré net des droits de douanes, sur les opérations coloniales, 14 millions environ pour l'aider à soutenir les charges de l'état, il est en perte, sur 1848, de 14,415,750 fr., en raison d'une production infiniment réduite, et qui est encore moindre pour 1849.

En admettant que les droits de douane de 1849 compensent, ou à peu près, les frais d'administration, ils seront assurément inférieurs à l'avenir, alors que tous les approvisionnements seront épuisés, personne ne peut contester ce point.

C'est donc dans un pareil état de désordre colonial, que l'on maintient la prohibition sur les sucres et les cafés étrangers.

Qu'en résulte-t-il? C'est qu'en France le café et

le sucre sont à un tel prix que plus des deux tiers de la nation n'en goûtent jamais que dans le cas de maladie.

Que la consommation, au lieu d'être de 248,500,000 pour le sucre et 60,000,000 pour le café, n'établit l'importation que pour 84,000,000 k. de sucre et 16,000,000 k. de café.

Que le trésor se prive de ressources réelles en se bornant à une perception qui couvre à peine des dépenses équivalentes, tandis que, s'il donnait l'entrée des sucres et des cafés étrangers, en percevant un droit de 25 fr. sur 100 k,, il aurait :

Sur les sucres. . . . . ,. · 60,125,000
Et sur les cafés. 15,000,000

Total des droits nets de toute charge. . . . . . ,, . · 75,125,000

Que le commerce français, opérant sur une importation de 276,500,000 obtiendrait de grandes faveurs des gouvernements producteurs, et augmenterait ses opérations sur une échelle qui élèverait notre industrie à une haute prospérité.

Or, au point de vue de la richesse du trésor public, les colonies ont donné en 1847, année de grande prospérité, un excédant de recettes de 14 millions environ, et, en 1848, une perte de 14 millions. Mais aujourd'hui les recettes sont loin de s'élever à ce chiffre; assurément la douane ne l'atteindra pas de longtemps, en l'état de la liberté des esclaves et du désordre jeté dans le travail par une législation insensée, le découvert augmentera d'année en année.

Personne ne peut nier l'état de Saint-Domingue en 1787, alors qu'elle était encore sous les lois de la France. Elle produisait 135 millions et absorbait 55 millions d'exportation française. Elle donnait 79,905,290 k. de sucre, 33,525,830 k. de café. En 1829, elle vendait encore huit millions kil. de sucre, et aujourd'hui elle ne peut plus en produire pour la vente. Son principal commerce est dans l'exploitation des bois de luxe et du café, dont la production est tombée, de 33,525,839 kil., à 7,108,495.

Ceux qui ont affranchi nos colonies, en 1792, disaient, trompés par des illusions, que les noirs produiraient bien plus, libres qu'esclaves, que la propriété les moraliserait et les éleverait à la dignité humaine. Eh bien, ils sont restés de grands enfants, incapables de constituer une nation; ils se sont séparés de la France, et ont acquis le droit de vivre misérables et oisifs sur un sol unique par sa richesse. Voilà la vérité.

En 1848, nos hommes d'état, trop oublieux du passé, ont répété les mêmes lieux communs de philantropie, et ils ont ruiné les colons, réduit les noirs à une condition de misère incroyable, détruit la production coloniale et condamné la terre elle-même à rester inculte, puisque d'ici à peu de temps la diminution de la population noire aura suivi une progression plus grande encore que celle des blancs.

Ces mêmes hommes d'état, ces patriotes douteux dont tous les actes ont tourné au profit de l'Angleterre, ne se sont pas bornés à détruire nos colonies, à paralyser le commerce français pour favoriser l'action anglaise sur tous les marchés du monde. Par l'article 3 de la loi de mars 1848, ils ruinent tous les Français industriels établis dans des pays d'esclaves, ou les forcent à abdiquer leur nationalité. En effet, ils les obligent à affranchir leurs esclaves, dans l'espace de trois ans, après lesquels, s'ils résistent, ils sont déchus de leurs droits de citoyen français.

Or, un Français établi à Rio, par exemple, exploite une fonderie ; il aura formé trente esclaves aux diverses parties de cette industrie ; chaque esclave lui représente un ouvrier dont la journée serait de 3000 reis, environ 10 f. Ses esclaves, à ce prix, lui rapportent une somme de 150 fr. par jour ; il calcule ses prix en conséquence, et comme les autres industriels exploitent leurs usines par des esclaves, la concurrence établit des prix uniformes. Eh bien ! si notre fondeur français est obligé de prendre 30 ouvriers libres à 10 f., il débourse 150 f. par jour, ce qui établit une différence de 300 f. entre le fondeur anglais qui se sert de ses esclaves, et le fondeur français qui paiera des ouvriers libres. Évidemment l'industrie française ne peut, dans une pareille position, soutenir la concurrence, et tous nos compatriotes industriels, établis dans des pays où l'esclavage existe, sont forcés de se ruiner ou de renoncer à leur titre de Français, tandis que les sujets anglais, en tout et partout, nos concurrents naturels, ne sont pas soumis à de pareilles lois, car leurs hommes d'état sont des patriotes purs qui ne font rien dans l'intérêt des étrangers.

On a commencé à produire du sucre de betteraves sous l'empire. Jusqu'à cette époque le monopole des sucres, établi en faveur des colons, s'exerçait seulement contre l'étranger. Mais la loi du 2 juillet 1833 établit une taxe sur le sucre indigène, et celle du 31 mai 1846 en règle la perception. Cette création fiscale a pour but d'équilibrer le prix de la production indigène avec celui des sucres coloniaux, de protéger spécialement les intérêts des colons contre ceux de la mère-patrie.

Ainsi voilà le monopole colonial imposé à la France pour favoriser 40,000 blancs et 85,000 hommes de couleurs, en tout 125,000 personnes, qui vient entraver même la production de la métropole, abaisser la valeur du sol, porter atteinte aux intérêts de six départements français habités par plus de quatre millions d'âmes.

Nous avons vu en effet que les colonies étaient une charge de 28 millions imposée à la France, que les droits qui favorisent le monopole dont elles tirent leur existence, paralysent le commerce, détruisent notre marine, portent atteinte à la santé publique et entravent les recettes du trésor.

Eh bien ! voici les colonies qui, en 1833, ont obtenu que la production du sucre indigène fût arrêtée par un impôt, pour donner plus de faveur à leurs produits.

En vérité, on a agi avec tant de légèreté, de faiblesse, de négligence à l'égard des intérêts nationaux, dans toutes les questions soulevées par les colonies, qu'elles croient sans peine pouvoir aveugler de nouveau la nation sur ses propres intérêts. Elles espèrent encore corrompre ou abuser les grands conseils de l'état, sans que la vérité trouve des échos en France. En cela elles se trompent, et nous allons établir les droits de la production du sucre indigène à marcher sans entraves.

Nous avons vu que la production et l'importation du sucre en France a une marge immense pour satisfaire aux besoins de la nation. Nous avons vu que pour assurer une consommation de 7 kil. par habitant, il faut accroître l'importation du sucre de 128,000,000. Or, en 1848-1849, la fabrication du sucre indigène n'a produit que 38,391,000 k. Si elle baisse, c'est que les demandes diminuent et que l'impôt, qui en élève le prix pour favoriser les colonies, arrête la consommation, prive la nation d'un des aliments les plus utiles à l'homme. Cependant les 38,391,000 kil. de sucre indigène valent, à 108 fr. les cent kil., 41,462,280 fr. Une telle production mérite assurément toute l'attention du législateur par son importance, comme revenu et comme valeur du sol, et par les relations commerciales qui en résultent. 57,663 hectares sont plantés en betteraves et donnent 15,749,691 quintaux métriques, à 1 f. 85 c. le quintal, 28,979,449 f., soit 502 f. 55 par hectare; mais il y a des terres, dans le nord, qui, bien cultivées, rapportent 693 f. 60 c., ce qui donne une valeur de 15,000 f. l'hectare pour les premières, et de 19,000 pour les secondes.

En établissant le prix des terres, avant la culture de la betterave, à 4,000 fr. l'hectare, 57,563 hectares valent 230,662,000 fr. En portant ces terres à la valeur de 15,000 fr. l'hectare cultivé en betteraves, la plus value est de 634,293,000 fr., ce qui fait monter leur valeur réelle à 864,945,000 f.

Mais la taxe est si élevée, que la fabrication en a été entravée; ainsi, en 1847, sur 308 fabriques de sucre de betteraves, 102 seulement étaient en activité, 206 subissaient un rigoureux chômage.

Ainsi donc voilà que le droit protecteur des colonies fait tomber 206 fabriques de sucre indigène et abaisse la production de 64,316,000 à 38,391,000, c'est-à-dire cause une perte à la mère-patrie de 30 millions de revenu, outre les 28 millions que leur service tire du trésor, et les pertes éprouvées sur les vins, qui n'ont pas de vente.

Total du résultat de la protection coloniale, 358 millions en perte ou non valeur, outre celle causée sur la plus value des terres qui est incaculable, et l'indemnité de 124 millions, représentant pour les anciens rentiers 165 millions.

Mais les colonies ne s'inquiètent pas de cela, elles jouissent de leur indemnité de 28 millions accordés pour leur administration, et elles demandent de nouveaux subsides pour nous causer des pertes nouvelles, des préjudices incessants. Et cela parce que leur intérêt est tout à fait distinct de celui de la métropole:

En effet, les colonies ne tiennent aucun compte de 124 millions votés en leur faveur... Il semble que cette somme énorme ne doit pas retourner à leurs terres, car elles demandent et obtiennent des passages gratuits pour les ouvriers et agriculteurs qui voudront louer leurs forces et leur industrie à un colon.

Le gouvernement provisoire, très imprudemment il est vrai, a affranchi les noirs en 1848. Mais la France a donné une indemnité généreuse; et assurément beaucoup de blancs ont plus reçu de l'indemnité qu'ils n'eussent retiré d'un acquéreur qui eût pris en même temps et la terre et les noirs. En admettant que l'indemnité ait laissé les colons en perte sur la valeur de leurs noirs, elle les met à même de faire venir des ouvriers et d'exploiter leurs terres. Ce n'est pas ainsi que l'entendent les colons qui n'ont pu fuir leur ancienne résidence, les noirs, les Congos, les Mozambiques qui ont pris la place et les habitations des blancs émigrés : ils voudraient que l'état se chargeât de faire passer des fermiers auxquels ils pourraient louer leurs terres, afin de retirer un profit plus net.

Au temps de la fondation des colonies, le gouvernement a donné deux vaisseaux de 300 tx. à une compagnie chargée de créer la colonie de la Nouvelle France ; et aujourd'hui nous prodiguons 124 millions d'indemnité. Le budget des colonies est annuellement de 28 millions, rien de cela ne satisfait nos colons ; bien plus une taxe exorbitante prohibe les sucres et les cafés étrangers, et prive une partie des Français de ces aliments si utiles. Ce n'est pas assez ; une taxe est créée sur les sucres de betteraves et fait tomber 206 fabriques sur 308. — Ce n'est pas assez ; l'indemnité donnée aux colons a fait baisser la rente d'un soixante-quatrième et a causé un préjudice réel aux créanciers de l'état. — Ce n'est pas assez ; les terres de six départements qui voyaient le prix de l'hectare monter de 4 à 15,000 et 19,000 f., sont frappés dans leur propriété, et ces terres qui, de 230,662,000 fr. montent à 864,945,000 fr., doivent perdre en partie leur plus value donnée par l'industrie du sucre indigène, soit 315,146,000 fr. — Ce n'est pas assez ; la France pourrait tirer 800,000,000 fr. du revenu de ses vins qui ne lui rendent que 550,000,000 fr., et voir croître en proportion la valeur du sol ; elle perd tous ces avantages. Ce n'est pas assez ; l'industrie, dont la production est de 2 milliards, est arrêtée dans son essort par suite des lois de douanes. Ce n'est pas assez ; il faut que l'état transporte à ses frais des ouvriers aux colonies, et mette les colons à même de se créer, sans industrie, de forts revenus. Mais quelle est donc cette population conquérante de la France qui lui impose les plus lourds sacrifices, les plus grandes privations ? Ce sont quelques milliers de blancs, 85,000 de métis, de noirs libres, en tout moins de 500,000 âmes.

Par des supplications et par des larmes, par les mandataires qu'ils chargent de défendre leurs intérêts, par la corruption qu'ils répandent chez les fonctionnaires, les colons égarent sans cesse le jugement de la France et détournent son attention de ses véritables intérêts. Les colonies, telles qu'elles sont aujourd'hui, n'offrent aucun avantage en compensation des sacrifices énormes de la métropole ; elles causent des préjudices incalculables, soit par l'argent que le trésor dépense en leur faveur, soit par les privations que les classes pauvres ressentent jusque dans leurs aliments et leurs médicaments.

En outre, le commerce à l'étranger se voit entravé par la difficulté d'opérer des retours fructueux en sucres et en cafés. La marine marchande diminue ses armements et ses navires. La production de la métropole est paralysée. Les terres de nos départements du nord ne peuvent pas atteindre leur valeur réelle. Les fabriques de sucre de betterave se ferment, et les industriels renoncent à des entreprises coûteuses, en subissant des pertes énormes.

La consommation est arrêtée par l'élévation de la taxe sur les sucres et cafés étrangers, et les finances de l'état perdent énormément. En effet, si elle était réduite des trois quarts, la consommation se doublant pour le sucre et se quadruplant pour le café, il en résulterait un accroissement des revenus publics et du bien-être général, d'autant plus favorable que le produit soumis à la taxation serait profitable à la santé publique.

Après avoir donné récemment une indemnité de 124 millions, plus 10 millions de secours à titres divers, plus 28 millions pour les services publics, ne serait-ce pas le moment de proclamer l'indépendance des colonies.

Il convient d'examiner d'abord si les colonies peuvent sans cesse prendre à pleines mains dans les coffres de l'état, si elles peuvent imposer encore à la métropole, sans compensation, toutes les charges qui résultent de leur union à la France. Et si, par cela seul que l'on a beaucoup fait en leur faveur, il faut encore faire davantage.

Le trésor public est dans un tel état de pénurie, ses ressources sont tellement insuffisantes, que son crédit en souffre. — Par suite de cette dépréciation publique, les rentes sont tombées de 124 fr. à 88 taux du jour, d'où une perte de 32 p. %. Or, l'émission de l'indemnité coloniale a pesé, comme charge nouvelle de la dette publique, dans la balance du discrédit, pour un soixante-quatrième, et a contribué dans cette proportion à l'abaissement de la rente. Sans doute cette indemnité d'un acte radicalement stupide, était une réparation, mais, la justice accomplie, on ne doit plus rien. Ainsi, sous le rapport de l'affranchissement des noirs, c'est la France qui a payé l'indemnité ; les colonies n'ont donc plus rien à réclamer de nous.

Sans doute les colonies, produisant à un taux de revient exorbitant, ne peuvent pas soutenir la concurrence, elles font peu de commerce d'exportation, dès-lors elles vont être en proie incessamment à des besoins pressants, à une grande misère, que des habitudes de luxe rendront plus sensible.

Il est donc indispensable de les affranchir de l'obligation de vendre leurs denrées à la France et de les laisser libres, de transiger avec toute nation, d'exporter et d'importer tout ce qui leur conviendra, et de leur remettre l'administration et la garde de leur territoire.

Sans doute, tant que la France a jugé que ses colonies étaient utiles à la marine, il était important de lier leurs intérêts aux nôtres par des concessions et des priviléges importants. Mais, aujourd'hui, il est parfaitement démontré qu'elles paralysent l'essort de la marine marchande et du commerce français, qu'elles n'offrent aucune ressource en cas de guerre, qu'elles ne sont qu'une charge au-dessus de nos forces financières; il n'y a donc rien de plus juste que de les affranchir.

Les colonies réclameront avec d'autant plus de véhémence contre cette opinion, qu'elles sentent combien elle est fondée.

L'homme qui s'est jeté à la nage pour secourir son prochain ne pourra pas être taxé d'inhumanité, s'il repousse le malheureux qu'il voulait sauver, pour éviter de périr avec lui. C'est là un acte rigoureux que justifie la nécessité du salut. Eh bien ! la France voit son commerce aux abois, ses finances ruinées, sa marine en souffrance, elle repousse ses colonies parce qu'elle ne peut pas les soutenir.

En définitive, nous n'avons pas 40,000 blancs aujourd'hui dans nos colonies; eux seuls sont Français et doivent nous préoccuper ; l'indemnité a dû améliorer leur position et leur a payé la dette de la France : quant aux 85,000 métis, ce sont pour la plupart des affranchis ignorants qui n'ont guère plus de patrie que de religion, et auxquels toutes les formes de gouvernement, tous les dieux sont parfaitement indifférents, lorsque leur intérêt ne se trouve pas engagé dans un changement. Voilà donc, en définitive, que les intérêts de 40,000 Français absorbent un budget de 28 millions, sans servir utilement la France, lui imposent, outre des privations pénibles, des charges énormes, détruisent sa marine, ruinent son commerce, portent atteinte à la valeur du sol national, entravent la perception des douanes et conduisent à la banqueroute ou à l'affranchissement.

Pourrait-on taxer rigoureusement cette dernière mesure? Peut-être au point de vue de l'intérêt individuel, mais, en administration gouvernementale, l'avantage du peuple doit être la règle invariable de l'état.

En effet, le gouvernement ne peut pas indéfiniment imposer les citoyens; il doit d'abord régler rigoureusement ses dépenses sur ses besoins. Or, ici, où est le peuple français? Est-il à Bourbon ou en France? C'est l'intérêt du peuple continental qui doit être seul consulté. C'est au peuple que tout le reste doit être soumis. C'est la loi du suffrage universel, de l'intérêt commun et général qui conseille cette mesure.

Les hommes de tradition disent : les colonies sont indispensables en cas de guerre, et partout on répète ce lieu commun.

Cela serait vrai si nos colonies avaient des arsenaux, des ports sûrs, utiles à la marine militaire; mais il n'en est pas ainsi, malheureusement pour la France. Bourbon n'a que des rades foraines : le Sénégal est inabordable, à cause de la barre, pour les frégates et les vaisseaux. Dans les Antilles, Fort-Royal seul a une rade défendue convenablement, mais d'un accès difficile à cause des hauts fonds de l'entrée. Des vaisseaux pourraient trouver là un abri sûr, capable de protéger nos forces navales, si elles pouvaient y entrer.

Mais remarquez que partout ailleurs nos colonies, loin d'offrir des secours, demanderaient des garnisons plus considérables, c'est-à-dire que leur sécurité coûterait peut-être 15 à 20 millions de plus.

Avant le traité de 1763, nos colonies, nos établissements de l'Amérique du Sud présentaient de grandes ressources sous le rapport de la sécurité et du ravitaillement; avant 1815, l'île de France nous offrait de grands avantages en cas de guerre.

Mais aujourd'hui, grand Dieu! où trouver un abri (Fort-Royal excepté) dans toutes nos colonies?

Le tableau général du commerce établit que l'exportation de la France avec les colonies consiste en grande partie à transporter des denrées alimentaires. Les colonies, par elles-mêmes, n'offrent donc aucune ressource pour le ravitaillement.

Quant au radoub et aux réparations, elles ne présentent aucune utilité à nos flottes, puisque de Bourbon on va à Maurice pour réparer un navire du commerce. Les bois de construction, les fers manquent, ou sont en si petite quantité qu'un navire ne peut s'y réparer sans des dépenses énormes.

Quant aux munitions de guerre, il n'y a pas d'arsenaux pour renouveler celles d'une flotte, pas même d'un vaisseau.

Mais un seul port dans toutes nos Antilles, est-ce là une grande ressource ? Oui sans doute pour les navires qui en sont rapprochés et pour ceux qu'un vent favorable y conduit. Mais, ne sont-ce pas là des exceptions ? Car qui peut compter sur une bonne brise à la mer ? Il n'y a pas de choix, si le vent est contraire, il faut louvoyer, attendre qu'il change ; et pendant ce temps faire tête à l'ennemi ou fuir, si la marche du navire le permet.

On en conviendra avec un peu de bonne foi, un seul port n'est pas une ressource en cas de guerre, ni une raison pour subir le poids de nos colonies.

Avec des ports de relâche et de ravitaillement, une flotte peut agir avec plus de puissance ; mais sous ce rapport, lesquels des Français ou des Anglais, ont plus d'avantages ? Aux Antilles, nos rivaux ont dix ports contre nous un. Mais, en outre, ils ont partout des possessions qui leur offrent des ressources. Un simple coup-d'œil sur la carte suffit pour démontrer la puissance anglaise, qui s'étend encore jusque sur nos îles de Gersey, Guernesey et Origuie.

Ainsi donc, mettant de côté tout orgueil insensé, tout sophisme, reconnaissons que la France est loin de posséder les mêmes ressources que nos intelligents et patriotes rivaux, quant aux possessions qui peuvent offrir des secours à leurs flottes.

Tout le monde sait que l'Angleterre compte un effectif de vaisseaux, frégates et navires de toute espèce, quatre fois plus considérable que le nôtre, et que son personnel est dans les mêmes proportions.

Notre marine à vapeur présente une force plus respectable que notre marine à voile; elle se rapproche plus de la puissance de nos rivaux; mais, encore là, ils ont l'avantage du nombre sur nous.

Eh bien! pourrions-nous, sans une coalition, faire la guerre à l'Angleterre? Non, sans nous préparer de nouveaux revers, de nouveaux traités de 1763, de 1815.

Nos colonies, en eussions-nous cinquante de plus, ne multiplieraient pas nos forces navales, et, n'eussions-nous pas de colonies, si nos forces navales étaient suffisantes, nous battrions les Anglais. Que l'on emploie 28 millions chaque année en constructions navales, et bientôt nous serons plus forts avec nos vaisseaux que nous ne pourrions l'être jamais avec nos colonies.

Sans doute, et dans tous les cas, des ports de relâche sont utiles pour reposer les équipages, éviter le gros temps ou l'ennemi; mais il faut des ports, et nos colonies n'en offrent qu'un seul. J'ai donc raison de dire qu'en cas de guerre nos colonies ne seraient qu'un nouvel embarras, une nouvelle cause de dépenses, une funeste occasion de rendre inutiles les troupes que l'on enverrait pour les protéger, et qui manqueraient peut-être à la défense de nos frontières.

Je sais bien qu'il y a en France des patriotes aveugles qui pensent que le pavillon français n'a qu'à se montrer, comme la tête de Méduse, pour renverser ses ennemis. Mais, en voyant ces beaux bâtiments anglais et américains, on reste convaincu que si deux flottes de même force, anglaise, américaine ou française, en venaient aux mains, il y aurait un égal dommage de part et d'autre. Le vainqueur pourrait à peine gagner un port; ce ne serait qu'un mourant survivant à des héros.

Loin de nous une politique de sentiment, loin de nous ces funestes illusions qui ont fait commettre tant d'erreurs, et naguère si mal conduire les affaires du Piémont.

Il faut dire la vérité, la publier, la faire comprendre, et combattre ces politiques énergumènes dont l'ardeur est si grande à débiter des calomnies contre nos rivaux, et le courage si faible en présence du danger.

Prenons aux Anglais ce que leur organisation offre de bon, leur pur patriotisme contre l'étranger, la protection que leurs nationaux reçoivent, dans le monde entier, de la diplomatie et de la marine anglaise.

Essayons de recomposer l'administration de notre marine, d'y introduire l'économie pour multiplier ses forces et la rendre redoutable à nos rivaux ; formons une diplomatie capable de nous créer des alliances solides et menaçantes contre nos ennemis, de multiplier les traités de commerce avec des peuples puissants, de protéger partout nos nationaux et leurs intérêts.

Il me semble que c'est en prenant la peine de bien choisir nos agents parmi les hommes honnêtes, intelligents, actifs et dévoués au pays que nous serons le plus redoutables à l'Angleterre. Elle tire sa puissance de son industrie, de son commerce. Ses revenus principaux obtenus à la douane, sont les mieux établis, puisque leur perception gêne le moins, et s'élève en proportion de la richesse nationale.

Multiplions les moyens commerciaux et l'écoulement de nos produits ; augmentons utilement l'importation et l'exportation ; faisons accepter nos marchandises avec faveur sur les marchés étrangers ;

facilitons les retours, et la formidable puissance
anglaise s'affaiblira en raison directe du développement de la nôtre.

Mais, avant tout, il faut affranchir nos colonies.
Elles paralysent nos opérations commerciales ; elles
empêchent tout traité utile sur les sucres et les cafés,
objet des transactions les plus importantes, sans
satisfaire aux besoins de la France, ni servir nos
opérations maritimes en cas de guerre. Elles sont,
sous tous les rapports, aussi onéreuses qu'inutiles à
la France.

FIN.